Los Antagonistas

¿Qué Hace Diferente a Una Persona de Éxito?

Dan Desmarques

Copyright

Los Antagonistas: ¿Qué Hace Diferente a Una Persona de Éxito?

Escrito por Dan Desmarques

índice

Introducción

Todos queremos entender el mundo en que vivimos para dar un mejor sentido a nuestras vidas y saber qué cosas nos llevan a tener más éxito. Este descubrimiento es la clave para hacer que cada momento tenga más sentido y vivir una vida con recuerdos más agradables. Pero, ¿son correctas las conclusiones de la ciencia, y de la psicología en particular? ¿Sabemos realmente lo que es el éxito en la vida?

La información que descubrirás aquí te llevará a la revelación de elementos que nunca antes habías considerado sobre tu mente y la forma en que piensas sobre las personas que conoces. También te mostrará muchas cosas desagradables que puede que hayas pasado la mayor parte de tu vida evitando, pero que están consumiendo tu alma y te impiden evolucionar.

Se trata de un viaje muy profundo al núcleo de tu alma como ser humano que, en última instancia, aumentará tu conciencia sobre la vida y su mecánica, haciéndote mejor en la predicción del futuro. Estas páginas están llenas de ideas prácticas e historias que te darán el poder de hacer realidad tus sueños.

Capítulo 1 - ¿Qué es la fe y por qué es importante?

Una persona tiene que aprender de algún modo a tener esperanza y confianza en sí misma para superar una mala situación en la vida, y la mayoría de la gente se ha vuelto tan dependiente del sistema que, cuando éste la abandona, pierde toda esperanza.

Como entonces no podemos desarrollar una confianza en un yo que se pierde en la vida, la única opción es confiar en una inteligencia o fuerza superior que nos guíe.

Esta confianza no es ciega, sino más bien aparente en una alineación entre nuestro yo espiritual y el mundo exterior - es el saber antes de saber, y el ver antes de ver.

Este tema puede entenderse con una pregunta que la gente me hace a menudo:

- "¿Por qué no puedes decir cuánto tiempo te quedarás en una ciudad y cuándo te irás?".

La razón es fácil de explicar, pero no de entender para quienes no ven la vida como yo.

En esencia, si planifico, estoy sujeto al destino y si no planifico, tengo el control de mi destino.

Un pájaro no controla el viento, por ejemplo, sino sólo su voluntad de volar. Y es cierto que cuando coges la corriente del viento, puedes volar más alto. Pero la gente tiene la opción de vivir a través de la razón o a través de los milagros de la vida.

Los milagros no se pueden explicar, mientras que la razón sí, pero la razón no te puede sorprender, porque su propósito es explicar lo que ya tienes y condicionar tu mente para más de lo mismo, y para experimentar más de lo que no es lo mismo, tienes que permitirte necesariamente ser estúpido y estar perdido. No hay otro camino.

Ése es el verdadero significado de ser humilde -permitir que otros discrepen contigo-, pues la comprensión se encuentra en los caminos que ya conoces y en los que te mantienen en la oscuridad -atrapado en laberintos de paradigmas sociales que nunca acaban-.

Así pues, la luz no es algo que encuentres a través de lo que entiendes, sino tu fe en lo que no puedes entender ni explicar.

De hecho, mientras pueda explicarse ante los demás, no habrá visto lo suficiente.

Es un verdadero honor ser llamado loco y saber que muchos de mis seguidores también son llamados locos por las personas que conocen después de aplicar mis palabras, porque esto significa que mi misión está alineada con tus resultados y los resultados alineados con la luz, y mientras sigas esta luz, serás encontrado afortunado por las mismas personas que te llamaron loco.

Es normal, porque la gente debe criticar lo que no comprende para justificar su propia ignorancia.

Gran parte de esta ignorancia se mide a través del tema de la fe, por lo que casi todas las personas que he conocido no saben nada al respecto, ni siquiera los muchos miles de personas que he conocido en diversos grupos religiosos.

Confían demasiado en sus ojos y en sus percepciones para saber lo que es la fe.

También se desaniman muy rápidamente y cambian de opinión y de promesas a los demás con bastante facilidad, por lo que su fe, en realidad, no tiene ningún valor para ellos, no importa cuántas veces mencionen la palabra. Ni siquiera Dios puede tener fe en ellos, porque la pierden fácilmente.

La fe es cuando estás dispuesto a morir por aquello en lo que crees porque lo quieres, por eso a la mayoría de la gente no le gusta aplicarse la fe a sí misma durante mucho tiempo.

Todo lo que te representa ante el mundo debe morir para que tu espíritu renazca.

Se trata de una muerte simbólica en cuanto a tu aspecto físico, pero una muerte real en lo que respecta a tu psique.

Este es el verdadero bautismo espiritual y no se puede lograr simplemente sumergiéndose en el agua.

Los rituales han sustituido al significado y han convertido a la gente en tontos, mientras que los que saben ven que sólo entonces se sabe realmente lo que es la fe: comienza con una intención y termina con su realización.

Esta intención es tu cruz y tus clavos, y se convierte en plumas y rosas al final del viaje.

Así que no te desanimes por las piedras que te lancen en forma de juicios malvados, burlas e ira, sino disuélvelas con una firme creencia en lo que haces.

Capítulo 2 - ¿Por qué muchos religiosos no son espirituales?

Podríamos decir que la religión llena el vacío que la sociedad no proporciona entre la fe y el cumplimiento de nuestras intenciones, pero dado que la religión es en sí misma una construcción social, es más probable encontrar mentiras en un grupo religioso.

El problema de las muchas mentiras que se encuentran en los grupos religiosos es que suelen desmoralizarte y hacen que cualquiera esté menos dispuesto a desarrollar sus propios patrones de pensamiento para salir de su situación.

Estos individuos sustituyen entonces un conjunto de creencias por otras, dependiendo ahora de lo que un grupo concreto les dice que confíen.

Como he visto a menudo en muchos grupos religiosos, estos individuos sustituyen una forma de pobreza por otra, más cómoda ya que puede compartirse con los demás, justificarse y considerarse normal.

El contraste es obvio cuando uno se traslada a la India y se da cuenta de que muchos gurús fuman drogas, las mismas drogas que fuman muchos tontos en Estados Unidos, o que ser un vagabundo en nombre de un ideal puede ser una virtud en la India si se compara con la vergüenza a la que se enfrentarían los mismos individuos en Europa.

La mejor solución, por otra parte, no siempre parece conveniente, ya que consiste en tratar estos contrastes y cruzarlos de forma independiente.

Un ejemplo de ello es trabajar gratis o no más que para tener un techo y un plato de comida al día porque, en este caso, estás haciendo lo esencial para ser útil a la sociedad a la vez que aprendes más sobre ti mismo.

Muchas personas religiosas creen erróneamente que esta situación es más virtuosa, pero se equivocan porque se pierde esta virtuosidad al volverse complaciente y negarse a evolucionar.

Siempre estás en un momento transitorio de tu vida y debes aprender lo suficiente de él para evolucionar a la siguiente etapa.

Uno de mis lectores menciona acertadamente este aspecto cuando me cuenta que no había encontrado trabajo, sino que estaba ayudando a un anciano a construir su casa a cambio de algo de dinero y comida.

La actividad física le mantuvo concentrado y con la mente despejada, que es lo que más necesita para poder encontrar el siguiente paso en el camino de su vida.

Sería muy difícil dar los siguientes pasos sin algún tipo de actividad y autoestima.

Cuando esto no sea posible, al menos debes ofrecerte a trabajar gratis y no esperar más que lo esencial: respeto, comida y un lugar donde dormir.

Si más pobres estuvieran dispuestos a tener lo mínimo, ese mínimo pronto se convertiría en más.

Escuchamos las historias de muchos empresarios famosos que pasaron años durmiendo en el sofá del piso de un amigo y comiendo muy poco mientras intentaban encontrar su camino en la vida, pero a menudo no miramos el otro lado de estas historias:

1. tenían amigos dispuestos a ayudarles;

2. Tenían el tiempo de su parte;

3. Aceptaron lo mínimo hasta que encontraron un camino por su cuenta.

Estas tres cosas son muy importantes, porque una vez decidí poner a prueba a mis propios amigos y familiares pidiéndoles que durmieran en su sofá una noche o una semana como mucho, y ninguno de ellos lo permitió.

Todos tenían excusas diferentes, así que borré sus contactos e impedí que volvieran a ponerse en contacto conmigo porque no son seres humanos de verdad, sino basura con ropajes humanos.

No siento ningún respeto por esta gente, porque si fuera al revés, les habría ayudado.

El concepto de tiempo también es importante aquí porque, como puedes ver, sólo les pedí lo mínimo.

Son personas que siempre quieren preguntarme cómo me gano mi propio dinero, pero no confían en que pueda recuperarme de una situación difícil, por lo que su falta de fe en mí refleja su propio valor como ser humano.

Como consecuencia de estas experiencias, a menudo he tolerado lo mínimo en mi propia vida, pero siempre me he negado a vivir también con ilusiones. Me di cuenta de que no se puede tener fe y aferrarse a ilusiones, así que me vi obligado a eliminar de mi vida a todos aquellos que no demostraban ser lo bastante fiables como para ayudarme cuando necesitaba un lugar donde dormir o estaba enfermo.

No me enorgullece decir que no tengo amigos ni familia, pero sí me enorgullece decir dos cosas que la mayoría de la gente no puede decir:

1. No me hago ilusiones sobre lo que puedo esperar de los demás;

2. Creo mis propias oportunidades cuando la vida me atrapa en situaciones inesperadas.

Por último, quiero añadir que muchos de estos amigos y familiares eran practicantes religiosos entregados, y así es como se conoce el valor real de su espiritualidad.

Capítulo 3 - ¿Por qué es importante ayudar a los demás?

Ayudar, como el amor, no es algo que se deba dar incondicionalmente, sino como lo hace Dios, en dosis y según la reciprocidad recibida a través de las pruebas y desafíos proporcionados.

Cuando ofreces conocimientos a alguien, por ejemplo, esa persona debería al menos apreciarlos y agradecértelos, u ofrecerte algún otro conocimiento a cambio, como mínimo relacionado con cómo aplicó lo que le dijiste y qué resultados obtuvo;

Cuando ofreces dinero a alguien, esa persona debe estar dispuesta a retroalimentarse y tomar decisiones adecuadas;

Cuando ofreces un trabajo a alguien, lo menos que puede hacer es llegar a tiempo, aprender, seguir las normas y ser acogedor con los clientes.

Esta reciprocidad no siempre implica alguna forma de intercambio observable, ya que hablar con alguien no es fácilmente mensurable, sino que proporciona un intercambio de emociones.

Esencialmente, cuanto más desesperado se sienta alguien, más debería ayudar a otros que necesitan su ayuda y mantener líneas de comunicación con el mundo exterior.

La pobreza, la depresión y la desesperación no están tan relacionadas con lo que no se tiene, sino con lo que no se da, y una vez que pasamos de una perspectiva a otra, vemos que en realidad nadie carece de esperanza.

Cualquier persona tiene el poder de cambiar su situación, incluso cuando la sociedad le hace sentir que su poder está limitado y condicionado por ciertos aspectos.

Esta mentalidad cambia por completo la percepción de lo que le ocurre al individuo y, curiosamente, también lo sitúa en un estado receptivo para que se produzcan milagros.

Como he visto con muchos de mis seguidores, sólo tuvieron que cambiar una cosa en sus vidas para que todo lo demás viniera a ellos y en abundancia.

Perseguir esas cosas, ya fuera dinero o una relación, no les llevaba a ninguna parte.

Lo mismo se aplica a quienes desean un empleo, porque tienen más probabilidades de conseguirlo si pueden ofrecerse a trabajar libremente durante una semana y demostrar su valía durante ese tiempo.

Este principio también puede aplicarse a nuestra salud mental, aunque pueda parecer una contradicción querer ayudar a los demás cuando somos nosotros los que necesitamos ayuda.

Piensa, por ejemplo, que puedes ayudar a perros que no tienen quien los saque a pasear, o trabajar como voluntario para alguna institución que ayude a niños en hospitales.

Lo que ocurre en estas situaciones es que pasamos de ser víctimas de la vida a convertirnos en causantes de nuestras experiencias vitales, y esto indica a nuestra vibración que tenemos más potencial del que creíamos.

Cuando cambia nuestra vibración, también cambia la forma en que pensamos sobre nosotros mismos, y eso cambia nuestras emociones y nos ayuda a pensar con más claridad sobre nuestras opciones.

Como mínimo, podemos ayudar a plantar árboles o ayudar a alguien a cuidar su jardín y ocuparnos simplemente de las plantas.

Este contacto con la naturaleza cambiará nuestro estado de conciencia respecto al mundo exterior, lo que nos ayudará a sacar mejores conclusiones cuando pensemos en nuestra propia vida.

Recomiendo la jardinería o algún tipo de trabajo con animales para quienes sufren psicopatía, ansiedad y depresión, ya que les ayudará a relajarse y a tener otra perspectiva de su propia existencia, haciéndoles sentir más útiles a la sociedad.

La salida es hacer realmente el bien, como he visto con muchas personas, porque cuando te asocias con quienes están ayudando al mundo, recibes esa energía de vuelta de muchas otras maneras.

Capítulo 4 - ¿Qué medios utiliza Dios para comunicarse con nosotros?

La transmutación de la energía que se produce en el planeta, los símbolos de la naturaleza e incluso los números, son el lenguaje de Dios: es la forma en que Dios se comunica con nosotros y nos alaba o nos castiga.

Tal y como yo lo veo, cuando la Biblia explica que "En el principio era el Verbo" (Juan 1:1), lo veo como el código, o lenguaje de códigos, a partir del cual surgió la materia física.

Es cierto que cuando se simplifican los significados abstractos, se llega a las formas, los números, los símbolos y las palabras que expresan objetos, sujetos y acciones, pero en esencia, se trata de códigos.

En realidad, este planeta está estructurado en capas de códigos, no necesariamente todos relacionados con Dios. Y la confusión que mucha gente tiene para entender a Dios viene precisamente de asimilar que todo tiene una única fuente.

La Biblia vuelve a dejarlo claro cuando dice: "Si amáis al mundo, no podéis amar al Padre" (Juan 2:15), porque estos dos códigos funcionan de manera diferente.

Las almas de este mundo están llenas de pecado y Dios desciende de una frecuencia más alta, por lo que para llegar a Dios necesitamos superar un conflicto interno entre las frecuencias experimentadas, razón por la cual aquellos que manifiestan las frecuencias más altas también reciben los peores ataques de la sociedad.

Dividimos estas situaciones como buenas y malas, o energías oscuras y luz, pero si las miramos como códigos, vemos que a menudo las dos pueden encontrarse en el mismo lugar y también cambiar o transformarse.

Hay muchas otras capas en este planeta, siendo constantemente manipuladas - algunas por humanos y otras por otras entidades - pero la capa de Dios o la frecuencia de Dios está siempre presente, y es por eso que la fe es una herramienta del espíritu que puede rescatarnos.

En consecuencia, los que entienden cómo funciona el sistema están mejor preparados para cualquier cambio en ese sistema, mientras que los que dependen del sistema también dependen de los resultados de cualquier cambio en el sistema.

El fracaso de la percepción de la vida de muchas personas se debe obviamente a su posición a la hora de analizar la vida, porque tienden a mirar la vida desde una perspectiva o desde la otra, sin darse cuenta de que a menudo ambas pueden ser la misma cosa.

Este es el error de muchos seguidores de ciertas ideologías religiosas, porque el ser humano tiene instintos de mono y se obsesiona con ideologías egoístas.

No pueden ver la realidad desde un ángulo más amplio y luego insultan a quienes sí pueden hacerlo para sentirse mejor con sus propias limitaciones.

Los rosacruces, los masones, los cristianos, los judíos, los hindúes, los budistas y los musulmanes, entre otros muchos practicantes religiosos, sólo representan diversos colores de la misma estupidez.

Un ser humano evolucionado debería ser capaz de analizar las diversas perspectivas religiosas con una mente curiosa, analizar sus defectos, debilidades y limitaciones, y no caer nunca en la trampa del dogma, la jerarquía o el pensamiento unilateral.

Debemos ser capaces de ver que el amor de Dios es una manifestación del rechazo de la singularidad y un acercamiento a la pluralidad de la manifestación espiritual.

Aquellos que pueden hacer esto son capaces de ascender a las capas superiores y desde este nivel percibir más claramente los errores que se encuentran en los niveles inferiores de la realidad.

Es desde estos estadios superiores desde donde se ve a las ratas y cucarachas de la sociedad, obsesionadas con sus hábitos y dogmas en el suelo y protestando contra las águilas y los pájaros en el cielo, temiéndoles.

El hombre que todo lo ve tiene alas y no hay enemigo capaz de alcanzarlo, pero esas alas representan una frecuencia incompatible y aterradora para los de vibración inferior, razón por la cual se sentirán amenazados por la presencia de tal individuo y se opondrán agresivamente a él.

Cuanto más baja sea la posición de un alma en esta escala de vibración, más fuertemente se opondrá a los que representan las vibraciones superiores.

Capítulo 5 - ¿Qué es la guerra espiritual?

Hay dos tipos de amenazas ante las que reaccionan las personas de los reinos inferiores: la amenaza que observan y la amenaza que racionalizan. Y cuando las personas no ven una razón lógica para justificar sus miedos, deben justificarlos racionalizando razones ilógicas o provocándolas.

Es en estos comportamientos que se identifica una manifestación de Dios en forma humana, porque el uso de insultos y violencia contra un alma pacífica es una forma de hacerla reaccionar de la misma manera para defenderse y luego justificar la racionalización de su naturaleza según los que piensan y vibran en los reinos inferiores.

Las conversaciones que entablan las personas de naturaleza inferior con las de naturaleza superior también están llenas de preguntas insidiosas y suposiciones perversas, porque tratan de encontrar justificaciones para sus miedos irracionales cuando no hay ninguna razón para ello.

La tremenda cantidad de odio que he experimentado en mi vida en los últimos años es un ejemplo de esto, porque la gente de las vibraciones más bajas me acusa de las cosas más extrañas, como ser un asesino, un traficante de drogas, un espía, cualquier cosa que se te ocurra para justificar la etiqueta de peligroso, porque eso es lo que corresponde a sus miedos, y sus miedos no son más que reacciones instintivas a lo que está sucediendo en su cuerpo energético y su mente.

Soy capaz de detectar quién es un psicópata en un grupo precisamente por este tipo de comportamientos, aunque también puedo ver que el resto de personas del mismo grupo son completamente ciegas a estas dinámicas.

Normalmente, un ser humano normal no reacciona con furia ante la presencia de otro ser con una vibración superior, sino más bien con incredulidad, confusión e ignorancia, que se expresan en forma de preguntas infantiles y burlas.

Siempre son los enfermos mentales los que se sienten atemorizados por las formas superiores de energía, lo que me ha llevado a darme cuenta de que la sociedad ha ido cuesta abajo, ya que cada vez más personas se comportan de acuerdo con este patrón psicopático.

En efecto, las reacciones en un primer contacto pueden analizarse más a fondo, como he hecho muchas veces, para comprender mejor a estos individuos, pero en todos los casos pude notar un patrón entre sus vibraciones, sus reacciones a mi presencia y sus conversaciones que me llevaban en la misma dirección.

Al final del proceso pude ver que no piensan con claridad, muchos sufren con traumas emocionales y psicológicos o ansiedad, tienen miedo al futuro porque ignoran su propia ignorancia y son completamente ajenos a cómo funciona la vida o cómo debería funcionar la mente humana.

Muchos también tienen adicciones al alcohol, el tabaco u otras sustancias de las que abusan regularmente. Y, en general, no leen, no procesan información compleja y son incapaces de aprender.

Entonces crean racionalizaciones para estas cosas a partir de suposiciones que son ilógicas, pero que deben aceptar por comodidad, ya que su existencia es en sí misma dolorosa, pero cíclica.

Es natural, por lo tanto, que se opongan tan violentamente a cualquier cosa que represente vibraciones más elevadas, porque instintivamente saben que si más personas elevan su conciencia, se quedarán más atrás en este camino evolutivo y se encontrarán en una posición peor.

Su odio a la paz, la armonía, la inteligencia, el intelecto, la sabiduría, la belleza, la espiritualidad en su forma práctica, y las representaciones de estas cosas como esfuerzos para crear acuerdos o ayudar a los demás, se justifica por su necesidad de sobrevivir como cuerpo.

Tienen tanto miedo de ser destruidos por la selección natural que se ponen las mejores máscaras para fingir ser espirituales, armoniosos, seguros e inteligentes.

Esta es la verdadera razón por la que la cantidad de narcisistas en la sociedad parece aumentar rápidamente.

Capítulo 6 - Cómo comprobar si alguien es un narcisista

Recuerdo que una vez, en un grupo, una de las mujeres le dijo a otra que la admiraba porque era fuerte y segura de sí misma, y esa otra mujer se puso nerviosa y luego sonrió.

Aquella mujer a la que admiraba por su seguridad en sí misma era una psicópata y se pasaba todo el tiempo criticando lo que yo decía porque se sentía amenazada por mi seguridad al hablar, aunque yo no dijera nada fuera de lo normal. Constantemente hacía suposiciones irracionales sobre todo lo que yo decía, como si la estuviera atacando, mientras que las cosas que yo decía eran absolutamente normales para todos los demás.

En lugar de verse a sí misma como la psicópata que es, se presentaba como más lista que los demás para enmascarar sus propias inseguridades.

Así es como se manifestarán las interacciones en grupos en los que estén presentes ambos elementos: los mentalmente cuerdos y los mentalmente dementes, porque la gente corriente suele ser ciega y se deja engañar fácilmente.

La correlación entre el psicópata y sus comportamientos es fácil de alcanzar cuando te das cuenta de que esta persona está atacando todo lo que te hace parecer mejor a los ojos de los demás, mientras que roba todo lo que se puede tomar para ella parecer superior a sí misma.

En el ejemplo mencionado anteriormente, esa mujer dijo: "Soy escritora como tú" y "También hago sesiones de coaching como tú" cada vez que mencionaba estas dos cosas para elevarme por encima de mí misma, y a pesar de que nunca ha publicado nada y es muy dudoso que pueda ayudar a nadie con sus delirantes puntos de vista sobre el mundo.

Debido a que las masas son ajenas a estas cosas, los que más atención reciben en la sociedad y también los más votados son precisamente los que se ponen las mejores máscaras: los psicópatas.

Luego la gente se sorprende cuando la engañan y no ve que se deja engañar por ignorancia.

El verdadero problema, sin embargo, trasciende el truco del psicópata y profundiza en el hecho de que te hacen ir en dirección contraria en la vida, hacia el fracaso y más lejos de las personas a las que deberías seguir y a las que atacan con saña para que las abandones.

Cuando abandonas a aquellos que son considerados espiritualmente elevados en conciencia porque piensas que están equivocados, es como abandonar a Dios porque no encontrarás mejores oportunidades excepto a través de aquellos que las manifiestan.

Eso es como rezar a Dios pidiendo ayuda y luego huir de toda la ayuda que se te envía y hacia más infierno.

Puede ser difícil de creer también, una vez que camines hacia la luz, pero entonces verás cuántos oradores famosos, gurús, líderes religiosos y autores famosos que una vez adoraste son en realidad parte de esta legión de psicópatas que destruyen a la humanidad.

El despertar no ocurrirá hasta que aceptes lo que ves como parte del proceso de asociar el conocimiento real con la vida misma, que es otra razón por la que muchos no pueden hacerlo, porque no sólo tendrán que aceptar que estaban equivocados, sino también ver que la mayor parte de la humanidad está equivocada, y muchas de las personas en las que confiaban, como sus amigos, tienen malas intenciones.

Lo he visto muchas veces. Ofrezco a una persona la capacidad de ver, y cuando se da cuenta de que toda su vida ha sido una mentira y de que sus mejores amigos son demonios disfrazados, me acusa de manipulación, la gente que le rodea miente sobre mí, y entonces asocia la verdad y la seguridad con la cantidad, y acaba siguiendo a su tribu en lugar de la verdad.

El resultado es inevitablemente más miseria y más sufrimiento, porque esta persona está literalmente caminando hacia atrás en la vida y hacia abajo en su estado mental y vibracional.

Por eso nunca me sorprende el futuro de tales individuos y puedo predecirlo con exactitud, y a pesar de que todo el mundo me diga que me equivoco.

No puedo equivocarme porque sólo hay un camino para despertar, el que se muestra en estas palabras, y no lo he creado yo.

Ni tú ni nadie tiene que estar de acuerdo conmigo para seguir este camino. No se trata de quién tiene razón o no, o de confiar en mí o no confiar en mí. Se trata de ver la vida tal como es.

Capítulo 7 - ¿Cuáles son las causas del fracaso en la vida?

Una persona que mira hacia dónde va el mundo nunca pierde tanto como una que mira cómo era el mundo antes.

De hecho, el problema que suelo ver en las personas es que tienden a aferrarse a valores anticuados y viejos paradigmas.

Esto suele venir de la programación que se les implanta a través del sistema educativo, en el que los tontos de generaciones anteriores siguen reproduciendo los mismos elementos de esas generaciones.

De hecho, si tuviera que confiar en mis profesores para desarrollar la pasión por la lectura y la escritura, lo más probable es que nunca leyera ni escribiera, porque los libros que me sugerían eran increíblemente aburridos, y las cosas que me pedían que escribiera para los exámenes se basaban igualmente en premisas aburridas.

Como el mundo está lleno de idiotas, acabamos culpando a los que están al final del proceso de fabricación por ser demasiado estúpidos, en lugar de mirar toda la maquinaria y darnos cuenta de que los problemas son mucho mayores de lo que parece.

Me refiero a padres, profesores, gobiernos y expertos en educación.

Una cosa que mis alumnos de las clases de investigación académica comprendieron rápidamente es que, lo que uno cree que es verdad no tiene relevancia cuando se compara con lo que es realmente cierto, y esta verdad se demuestra mediante la observación y la medición.

Cuando lo que mides no tiene resultados, no es una verdad, sino una mentira que creías cierta, y no puedes ir por la vida confiando en mentiras y esperando que produzcan resultados verdaderos, a menos que estés loco.

La mayoría de las personas están realmente locas porque racionalizan constantemente sus creencias, y lo hacen porque no pueden enfrentarse a las mentiras que hay entre esas creencias.

Las masas están condicionadas para confiar en las grandes mentiras y hacer que funcionen, y luego se sorprenden cuando esas mentiras resultan ser falsas, especialmente en su propia realidad.

Por otra parte, si tememos pensar de forma independiente, en el futuro habrá más personas que sufran enfermedades mentales.

Las cifras siguen aumentando, especialmente con los suicidios, porque la gente se ve obligada a alinearse con un sistema que es completamente antinatural para su espíritu.

Entonces buscan respuestas entre quienes están tan perdidos como cualquiera.

Un ejemplo obvio son los autores que no tienen ni idea de lo que hablan:

Te dirán que tu problema es con el ego, no con tener creencias falsas;

Te dirán que si piensas en positivo, todo se alinea con tus pensamientos;

Te dirán que no puedes criticar la realidad o tendrás más de lo mismo.

¿Te suena? Suena familiar porque las personas en las que confías han sido empujadas ante tus ojos, y precisamente porque están tan locas como quienes las quieren.

Nunca escaparás de esta locura en la que vivimos hasta que empieces a mirar la realidad tal y como es y no como te gustaría que fuera, porque sólo entonces podrás empezar a analizar soluciones que antes no te planteabas.

De hecho, una persona creativa, contrariamente a lo que promueve la sociedad, no es alguien que se aleja de la realidad, sino un individuo capaz de enfrentarse a ella, porque sólo esta confrontación permite al cerebro producir universos alternativos en los que el artista o el científico pueden encontrar nuevas soluciones.

La enfermedad mental se encuentra en el lado opuesto de la creatividad, porque siempre surge de la falta de voluntad para enfrentarse al mundo.

Sabes que alguien no está bien a nivel emocional cuando esa persona no está dispuesta a salir de casa y pasar más tiempo en la naturaleza o simplemente tiene miedo de sus propios pensamientos.

Capítulo 8 - ¿Cómo saber si uno está iluminado?

El proceso de despertar o alcanzar la iluminación, o como mínimo lograr la autorrealización, no tiene nada que ver con escapar del mundo, sino con enfrentarse a él a través de nuestra propia conciencia de nosotros mismos.

Immanuel Kant explicó esto diciendo lo siguiente:

"La iluminación es la salida del hombre de su inmadurez autoimpuesta. La inmadurez es la incapacidad de utilizar el propio entendimiento sin la guía de otro. Esta inmadurez es autoimpuesta si su causa no es la falta de comprensión, sino la falta de resolución y valor para utilizarla sin la guía de otro. El lema de la iluminación es, por tanto: ¡Sapere aude! Ten el valor de usar tu propio entendimiento".

Por eso, el verdadero cambio requiere una revolución interior, un replanteamiento de nuestros valores y creencias y, en consecuencia, de la estructura de nuestra personalidad en una confrontación directa con un mundo que puede negarse a aceptar esta transformación en nosotros.

Cuando esto no sucede o el individuo se opone y se mantiene bajo las cadenas de la crítica social y el miedo al ridículo, se hunde más en su incapacidad para mirarse a sí mismo y a sus necesidades, y entonces pasa el resto de su existencia esforzándose más por malgastarla, conformarse al tejido social e ignorar las razones por las que nació.

Es necesariamente previsible que un iluminado sea visto por todos los demás como un loco, un iracundo y un cínico, porque no tienen otra forma de interpretar lo que no pueden comprender. Pero un iluminado sólo sufre cuando empieza a confiar en los juicios de quienes están ellos mismos locos.

Con el tiempo, la sociedad también es más propensa a desarrollar estrategias para evitar que estos individuos despierten, eliminando así la posibilidad de una iluminación espontánea entre sus miembros.

Esto se hace a través de formas muy perversas y constantes de control mental, que a menudo operan mediante el uso de la validación emocional.

En la superficie, puede parecer que el individuo está recibiendo validación social, pero de hecho, la separación del individuo de los demás, a través del uso de sistemas virtuales como Internet, proporciona la ilusión de pensamiento independiente, al tiempo que refuerza la necesidad de respuestas emocionales, de la misma manera que un ratón en una jaula es validado pulsando un botón para recibir su queso.

Con este mecanismo, el individuo está sometido a la voluntad de muchos, incluso cuando esos muchos son ficticios, porque no tiene forma de distinguirlos.

De este modo, un hombre sólo es capaz de controlar a muchos mediante el uso de algoritmos, programas diseñados para dar al usuario instrucciones específicas sobre lo que debe pensar, creer y aceptar.

La idea de que cada individuo se desarrolla si se alinea con un gran grupo se convierte entonces en una profecía autocumplida, ya que a todo el grupo se le lava el cerebro exactamente de la misma manera. Una mentira es validada por el propio grupo, que continúa reforzándola, pensando que se originó con ellos.

Por eso la idea que tienen muchas personas de que son inteligentes porque están de acuerdo con muchos es precisamente el signo más evidente de su incapacidad mental, o como mencionaba Kant "inmadurez autoimpuesta".

Cuanto más dependientes se vuelven las personas de una red de refuerzo virtual, más probable es que se vuelvan infantiles en su forma de pensar, razón por la cual las generaciones nacidas tras el auge de Internet no sólo son arrogantes, sino estúpidas y obsesionadas con agendas políticas que no entienden.

Reaccionan basándose en sus emociones, no en sus conocimientos ni en la lógica, que confunden con racionalizaciones inducidas por los sentimientos.

Capítulo 9 - ¿Por qué es tan frecuente el trastorno narcisista de la personalidad?

Cuanto más obsesionada esté la gente con la razón mientras se le aparta de la capacidad real de discutir opiniones y debatir hechos, más probabilidades tendrá de convertirse en psicópata, razón por la cual las estadísticas sobre el trastorno narcisista de la personalidad y la psicopatía muestran un rápido aumento en la sociedad en los últimos años.

Las redes sociales se perciben a menudo como una herramienta de entretenimiento, pero en realidad son otro mecanismo de control que favorece esta tendencia, razón por la cual la Agencia Central de Inteligencia estadounidense ha invertido tanto dinero en aplicaciones como Facebook.

La gente habla entonces de ser independiente y libre del sistema, sin darse cuenta de que este sistema forma parte ahora de sus propios pensamientos y de cómo formulan sus decisiones.

Es mucho más rápido cambiar tu cerebro mediante el uso de apps que hacer que vuelva a funcionar con normalidad, porque el segundo ciclo requerirá un proceso mucho más largo en el que no estarás tan expuesto a algún tipo de recompensa dopaminérgica.

En muchos casos, es la necesidad de sentirnos conectados a los demás lo que nos hace recurrir a estas realidades virtuales, porque sin ellas apenas podemos socializar.

La mayoría de la gente vive dentro de estas aplicaciones todo el tiempo.

La gran mayoría de la gente siempre elige el camino más fácil, que es la satisfacción de sus placeres, la adición de cualquier cosa que libere dopamina en su cuerpo, y por eso, a menos que compartas la misma mentalidad, te encontrarás aislado cuando intentes comunicarte con estos adictos a la dopamina.

Hoy en día, la mayoría de las personas parecen tan desconectadas que a menudo ni siquiera te miran y, cuando hablan, lo hacen fundamentalmente consigo mismas.

Se comportan como si estuvieran tecleando delante de su smartphone, no conversando con otro ser humano, con una mente independiente.

Me he dado cuenta de que muchos de ellos se enfadan mucho cuando alguien expresa una opinión con la que no están de acuerdo, porque han adquirido el hábito de desaparecer cuando algo no les gusta.

La gente se está volviendo más infantil e incapaz de manejar el estrés debido a estos hábitos.

El resultado de esto es entonces más irresponsabilidad, que se traduce en estados constantes de depresión, los altibajos que experimentan tantas personas.

Esta depresión crónica se explica por el hecho de que cuanta menos responsabilidad se tiene y menos capacidad se tiene para afrontar los propios errores y problemas, más probabilidades hay de fracasar y de estar o seguir estando mentalmente enfermo.

La personalidad que ha cristalizado bajo ciertos hábitos y se ha hecho dependiente de ellos no puede cambiar por sí sola, y por eso tantas personas acaban medicándose para vivir su vida.

No puedes curar a nadie a menos que te hagas cargo de tus comportamientos y de las consecuencias de esos comportamientos, y esto requiere un estado de conciencia que sólo puede surgir de nuevos hábitos.

Sin embargo, es interesante observar que muchos delincuentes violentos y psicópatas sólo parecen ser conscientes de las implicaciones de sus actos cuando están a punto de ser asesinados.

Esto nos lleva a pensar que el tiempo necesario para que se produzca un cambio de comportamiento es proporcional a la capacidad de introspección del individuo sobre sus actos y sus efectos.

Ted Bundy hizo una brillante entrevista horas antes de ser ejecutado, apenas parecía la misma persona que asesinó con orgullo a varias mujeres, apenas parecía un psicópata peligroso.

El miedo es un poderoso mecanismo de control en la sociedad, pero si eso es todo lo que tenemos, entonces la moral general de un pueblo siempre será baja, como en el "miedo a ser atrapado".

Por otra parte, el miedo se utiliza a menudo como aliado para mantener a las personas bajo control en lugar de para cambiarlas.

Capítulo 10 - ¿Cuáles son los beneficios de usar la imaginación?

La mejor manera de superar el miedo y la desesperanza es utilizar la imaginación. La imaginación desarrolla nuestra mente para encontrar formas creativas de cambiar nuestra vida, y por eso no se fomenta tanto como debería.

Nuestra imaginación nos hace imprevisibles para el sistema, pero también nos ayuda en la curación.

No hay nada que pueda ser inaceptable dentro de tu imaginación, por eso puedes escribir libros sobre cualquier tema y pintar sobre cualquier cosa, aunque te censuren si compartes tus ideas con los demás.

Yo solía soñar despierta durante toda mi infancia, y los profesores solían decirme que si no fuera tan distraída sacaría mejores notas, cuando la verdad es que estaba extremadamente deprimida y soñar con realidades alternativas era la forma que tenía de compensar mi estado negativo interior.

Yo era un crío, así que no sabía lo que hacía y estaba rodeado de idiotas que no sabían lo que decían, pero si hubiera seguido esas sugerencias, no habría sacado mejores notas, sino que lo más probable es que me hubiera suicidado.

Mis notas mejoraron cuando aprendí a utilizar la imaginación en mi beneficio.

Como estudiante universitario, por ejemplo, nunca estudiaba más de una o dos horas antes de los exámenes, en comparación con mis compañeros, que estudiaban durante muchos meses, repitiendo las mismas lecturas una y otra vez y aun así sacaban notas más bajas que yo.

Incluso mi velocidad como escritor proviene del uso de mi imaginación unida a mis emociones.

No es sólo una cualidad intelectual, y el intelecto sin nuestras emociones e imaginación es muy débil.

Cuando trabajaba con niños que tenían dificultades de aprendizaje, nunca les decía que prestaran atención o que no se distrajeran. Vi su necesidad de soñar e imaginar como algo que tenía a mi favor, porque cuanto más hablaban de sus sueños, más podía utilizarlos para introducir información relacionada con lo que tenían que estudiar, convirtiéndolos en superaprendices.

Así es como muchos de ellos pasaron de ser los peores de su escuela a convertirse en los mejores.

Esto fue posible con la ayuda de su imaginación y no mediante un bloqueo o cualquier otra facultad mental.

Esa estúpida idea que tiene tanta gente, de que hay que suprimir ciertas zonas del cerebro para que otras funcionen mejor, es un disparate y demuestra una tremenda ignorancia sobre el cuerpo humano.

De hecho, muchos expertos han encontrado una correlación entre el suicidio en niños y el consumo de psicofármacos, lo cual era de esperar, ya que no se pueden desactivar ciertas partes del cerebro que actúan como formas de compensación de otras.

Sin embargo, es interesante observar cómo se discrimina a quienes ya están siendo discriminados por no encajar en el programa que se espera que sigan ciegamente.

No querer formar parte del sistema fue realmente lo que me salvó la vida, porque en años posteriores dedicaría la mayor parte de mi tiempo a leer lo que más me interesaba y a meditar todos los días, lo que luego me ayudó a comprender mucho mejor mi verdadera identidad espiritual y a encontrar un camino mejor en la vida.

Una psicóloga del colegio me dijo una vez que yo no era como nadie de mi edad, algo que más tarde volvería a repetir en la universidad, y yo me reí de ella, porque a esas alturas ya no me importaba lo que nadie pensara de mí, ni si era buena o mala, porque ya había encontrado la forma de vencer al sistema.

Seguí haciéndolo toda mi vida, a pesar de que todo el mundo me decía que estaba equivocado.

En realidad es muy interesante que a estas alturas, mientras me gano la vida escribiendo libros y viajando por todo el planeta, mucha gente me siga diciendo que lo que hago no es normal. Se creen más normales que yo.

Eso es realmente muy interesante, porque puedo ver cosas en ellos que ellos no pueden ver en sí mismos.

Capítulo 11 - ¿Puede alguna religión reclamar la verdad exclusiva?

Durante mucho tiempo pensé que encontraría en las sociedades secretas un grupo de personas a mi nivel, pero lo que encontré allí estaba tan por debajo de mí que tuve que aceptar que había evolucionado mucho más de lo que hubiera esperado.

Al reprogramarme con un nuevo conjunto de creencias, llegué mucho más rápido y lejos que cualquier otra persona que haya conocido.

Cuando hablo ahora con otras personas, a menudo tengo la sensación de estar hablando con seres humanos de siglos pasados, porque son demasiado ignorantes para darse cuenta del estado en que se encuentran.

Esta afirmación no tiene nada que ver con la arrogancia o no estaría compartiendo todo lo que sé. De hecho, cualquiera que lea mis palabras se encontrará en la misma situación, como muchos de mis lectores han señalado sobre sí mismos.

Alguien de fuera podría decir que esto está relacionado con las creencias y que la gente cambia porque cree que lo que digo es cierto, cuando lo que realmente ocurre es que quienes me siguen aprenden a vencer al sistema convirtiéndose en mejores de lo que les dijeron que debían ser.

Esa es su mayor ventaja: una mayor capacidad para ver la verdad.

Esta capacidad superior se demuestra real cuando superas las limitaciones mentales de los demás para percibir transformaciones en tu vida o para creer que son verdaderas.

Pasé de sacar las peores notas en la escuela a sacar las más altas;

Pasé de ser ridiculizado por las chicas a ser abordado por mujeres hermosas;

Pasé de ser muy impopular a convertirme en muy popular;

Pasé de que me pegaran casi todos los días en el colegio a pegar a todos los que me desafiaban.

Lo que descubrí durante estas transiciones es que yo no he cambiado realmente, lo que ha cambiado es la percepción que el mundo tiene de mí basándose en aspectos superficiales de mi existencia.

Esa percepción sigue cambiando, así que realmente no tengo ni idea de qué le pasa al cerebro de la gente, porque parece que vaya donde vaya, obtendré una reacción diferente.

Por supuesto, tener tanta conciencia y experiencia vital me ha hecho ser menos paciente con los estúpidos y éstos abundan en el mundo, así que la única opción que me quedaba era viajar más y depender únicamente de mí mismo para ganarme la vida.

Una cosa que esperaba era que la sociedad actuara de forma más civilizada cuando me hiciera mayor, y lo que veo ahora es que la mayoría de la gente es tan inmadura como cualquier niño, y muchos hombres se merecen un puñetazo en la boca para aprender a respetar a los demás.

Muchas mujeres, en cambio, no están acostumbradas a oír la palabra "no" y por eso crecen con ilusiones, pensando que pueden decir lo que quieran y conseguir lo que quieran.

Por eso no creo que puedas mejorar tu vida social aprendiendo a comunicarte mejor con los demás, sino siendo más selectivo y comprendiendo que muchas personas simplemente no son capaces de actuar como humanos normales.

El número de mentes disfuncionales ha aumentado, porque al organizar actos me he dado cuenta del elevado número de adultos que son retrasados mentales y hablan de las cosas más ridículas.

No hay mucha esperanza para un mundo así, salvo el exterminio de grandes porciones de la sociedad mediante los actos más crueles. Pero el mayor problema de este tipo de humanos subdesarrollados es su fuerte tendencia al narcisismo, la envidia y el egoísmo.

Estas personas tienden a hacer amigos sólo en función de lo que pueden conseguir para sí mismas, y cuando no consiguen lo que quieren, se vuelven vengativas y odiosas, como un niño mimado.

No ayuda cuando oyen que todo el mundo es perfecto y que nadie necesita cambiar, que es una de las muchas ideas tontas que oigo que se difunden en la sociedad.

De hecho, existe una correlación entre nuestros problemas mentales y el retraso que observamos en las personas, y a menudo tomamos por normal lo que es muy anormal porque ya no podemos diferenciar entre ambos estados.

Una de esas anomalías se manifiesta cuando la gente me pregunta por mi relación con mis padres y se escandaliza cuando digo que no tengo ninguna. Están tan inmersos en su estado infantil que no pueden imaginar un mundo separado de sus propios padres.

Eso es muy ridículo, pero estas personas no pueden verlo, realmente no pueden ver lo dañado que está su cerebro, lo subdesarrollados que están. Y no se puede confiar en nadie que dependa emocionalmente de su familia, porque esta persona no puede tomar sus propias decisiones libremente. Todo lo que pasa por su mente está profundamente arraigado en sus experiencias infantiles.

Son las personas que piensan que todo en la vida debe existir para hacerles felices. No han pasado por esta fase mental.

Capítulo 12 - ¿Se creen los narcisistas mejores que los demás?

Cuando se tiene una fuerte necesidad de vivir en un estado infantil, la realidad se convierte en una carga.

El método de escape se convierte entonces en una actitud de egocentrismo o de derecho narcisista.

Como forma de compensar esta brecha entre la realidad y el derecho, el narcisista necesariamente tiene que manipular a los demás y mentir hasta el punto de perder la capacidad de discernir la mentira que hace creer a los demás de la que se dice a sí mismo.

Muchas de las pesadillas que tienen los narcisistas, surgen precisamente de esta disociación mental que hacen entre su verdadera persona y la que imaginan para los demás. Es la forma en que el cerebro tiende puentes entre lo que se reprime durante el día: todos los miedos, neurosis, ansiedades y secretos.

Un narcisista, como cualquier psicópata, es por esta razón más propenso a creer una mentira que le asuste que a confiar en una verdad.

Lo interesante de los narcisistas es que se relacionan más fácilmente con animales que con personas, porque el animal les resulta más fácil de controlar.

De alguna manera saben que su necesidad de validación es una enfermedad, que es más fácilmente correspondida por los animales.

En esta línea, los narcisistas también son más propensos a querer construir relaciones con aquellos que necesitan la validación de los demás, porque estos son más fácilmente controlables.

Las personas que han tenido una infancia traumática, por ejemplo, entran en esta categoría, ya que crecen con un cierto vacío en su interior, una necesidad de amor que el narcisista puede captar fácilmente. Se expresa en forma de cortesía.

Las personas que son más educadas o agradables con los demás -porque no quieren que nadie se enfade o caiga en malentendidos- son percibidas por el psicópata o narcisista como débiles, porque a los ojos del narcisista o psicópata estos individuos buscan la aprobación de los demás y, en consecuencia, tenderán a tolerar más abusos que la gente corriente.

Entonces llegamos a la conclusión de que los psicópatas y los narcisistas prosperan en sociedades en las que la gente quiere ser educada y da más importancia a mirar con respeto a los demás.

De hecho, es más probable que se comporten peor delante de los demás precisamente porque saben que es probable que obtengan una respuesta adecuada en esos casos.

Una vez abofeteé tan fuerte a un narcisista delante de otras personas que casi sentí que iba a romperse en pedazos. No se lo esperaba y perdió su espeluznante sonrisa de payaso después de insultarme en menos de un segundo.

Era miembro de un grupo religioso, lo que indica dónde es más probable encontrar a individuos tan repugnantes.

Estos narcisistas tienden a asociarse con grupos en los que creen que obtendrán más validación de más gente y más a menudo, porque refuerza su ego a la vez que les deja más espacio para abusar de los demás, razón por la cual adoran la religión.

En los grupos en los que la mayoría de las personas son vulnerables porque necesitan compasión y empatía, los psicópatas y los narcisistas abusan con más libertad.

El peor error que cometen los terapeutas al tratar con este tipo de personalidades es suponer que no saben cómo encontrar su propia cura, porque desde luego saben cómo vivir con ella.

Capítulo 13 - ¿Se puede ayudar a un narcisista?

Como muchas otras personas, yo también creía que los psicópatas y los narcisistas son intrínsecamente malos, hasta que me di cuenta de que buscan una cura.

El problema de encontrar una cura para su enfermedad mental es que les expone, les hace sentirse vulnerables y débiles, así que buscan una cura que no cambie su naturaleza, y ahí es donde radica el problema, porque normalmente acaban acumulando más conocimientos sólo para no cambiar nunca en lo que se han convertido.

También fracasan porque la mayoría de la sociedad no les ayuda, sino que les empuja más hacia su autodestrucción.

Esto se debe a que sus asociaciones suelen ser con individuos que sólo buscan su propio interés y son más felices cuando sus amigos fracasan.

Lo interesante aquí es que como el narcisista no tiene empatía, tampoco detectará la maldad en los demás, razón por la cual el narcisista termina siendo blanco de otros narcisistas también.

Algunas de las frases típicas que los narcisistas utilizan sobre los demás para destruir su potencial de éxito en la vida o cualquier posibilidad de felicidad son las siguientes:

- "Siempre puedes encontrar algo mejor; si tu novio no hace lo que tú quieres, déjalo";

- "Eres perfecto tal y como eres; no necesitas cambiar".

- "Estás preciosa y puedes hacer lo que quieras con tu vida".

Estos son sólo algunos de los muchos ejemplos que le dicen al narcisista que no necesita ser responsable de sus acciones, y es exactamente lo que al narcisista más le gusta escuchar, razón por la cual los narcisistas se asociarán con otros narcisistas para obtener validación y también serán destruidos por sus propios amigos en el proceso.

Nunca encontrarás un narcisista que tenga éxito en la vida asociándose con otros como él, sino que fracasa más.

Puede llevar algún tiempo darse cuenta de ello por dos únicas razones:

La primera es que el narcisista está demasiado ocupado construyendo castillos de arena en los primeros meses para darse cuenta de las consecuencias a largo plazo, es decir, saliendo de fiesta y acostándose con parejas al azar, esperando que se conviertan en relaciones sólidas a largo plazo;

La segunda es que cuando el narcisista fracasa en sus objetivos, necesita ocultar su vergüenza para evitar ser descubierto detrás de la máscara, lo que conducirá a los demás a todas las mentiras que dijo.

Puedo utilizar pronombres como él y ella para describir a los narcisistas, pero se sabe que, debido a la forma en que está construida la sociedad, las narcisistas femeninas suelen ir más lejos en sus mentiras y con más aprobación que los narcisistas masculinos y, por estos motivos, es menos probable que se las haga responsables de sus actos.

Por otro lado, dado que el mundo evita responsabilizar a las personas de sus comportamientos, los narcisistas no tienen motivos para cambiar, sino que aprenden a hacer lo mismo de forma más velada ante el mundo exterior.

Sin embargo, la falta de responsabilidad deja más espacio para que aparezcan problemas mentales, por lo que los narcisistas también acaban sufriendo depresión, y de una forma más profunda que la mayoría de las personas. Sencillamente, su depresión no es de la misma naturaleza que la de las personas normales.

La depresión del narcisista está relacionada principalmente con la vergüenza: el conocimiento de que ha fracasado miserablemente en la vida en comparación con las personas normales que conoce.

Esta vergüenza no dura mucho, ya que los narcisistas viven en una ansiedad constante por separar su mente de su moralidad y autoanálisis. Por eso muchos de ellos necesitan drogarse, emborracharse y mantener relaciones sexuales con desconocidos. Es su forma de rechazar la realidad.

A medida que pasa el tiempo, el narcisista es simplemente menos capaz de introspección y de asumir la responsabilidad de sus acciones, pero también es más probable que sufra el impacto de las consecuencias de esas acciones.

No es lo mismo intentar ayudar a una mujer de 20 años a ser más responsable de su vida que a la misma mujer de 40 años.

Es difícil rehabilitar a una persona que se ha pasado la vida huyendo de los problemas que ella misma causó y que finalmente la han atrapado de tal manera que le resulta imposible vivir con alguien o revertir las consecuencias en su mente.

Capítulo 14 - ¿Cuáles son las razones de la resistencia al cambio?

En la mayoría de los casos, para superar la depresión hay que encontrar la manera de tener más control sobre la propia vida, al tiempo que se persiguen los resultados esperables.

Dentro de esta estrategia, encontraremos la necesidad de enseñar autoestima y responsabilidad a alguien que sigue encontrando formas de sabotear sus propios resultados, es decir, negándose a seguir las oportunidades que le ofrece la vida.

Entonces nos damos cuenta de que las soluciones a los muchos problemas de la vida son sencillas, y lo complicado es darse cuenta de todas las cosas que interfieren en las respuestas que evitamos.

Si le digo a alguien que tiene que organizar un calendario de sus tareas diarias y planificar su tiempo en consecuencia, por ejemplo, pronto se dará cuenta de que su familia controla sus resultados y le impide avanzar, lo que puede llevarle a querer marcharse.

Si le digo a alguien que sus problemas pueden solucionarse con un trabajo, puede que se resista a la respuesta porque significa dedicarle ocho horas diarias, y puede que ni siquiera necesite el dinero.

Si le digo a otra persona que todos sus problemas pueden resolverse dejando atrás su país y empezando de nuevo, también se resistirá a esta solución porque se ha acostumbrado a la vida que tiene y a todos los problemas que conlleva.

Entonces llegamos a la conclusión de que el verdadero problema para muchas personas no es la solución, sino lo que conlleva con todos los cambios que debe hacer la persona. Sin embargo, no se pueden evitar los pasos y cambios necesarios.

Si una persona sueña con ser músico, tendrá, por ejemplo, que tomar clases de guitarra, salir de casa, alimentarse correctamente, incluso cocinar su propia comida para llevársela y ahorrar dinero por el camino, ser constante con su curso y dejar en casa su necesidad de replantearse la vida.

También tendrá que socializar, conocer gente nueva y exponerse en público para que esta oportunidad se manifieste.

En otras palabras, tendrá que convertirse en una persona completamente nueva para que este sueño se haga realidad.

Esto nos lleva a otra suposición que la gente suele hacer, y es que primero necesitan las oportunidades antes de justificar el cambio, cuando lo que siempre ocurre es lo contrario.

Uno no practica Jujitsu en casa para estar listo para entrar en una academia de Jujitsu, sino que se presenta allí primero, con todas sus limitaciones, y luego progresa en el entrenamiento.

De hecho, si una persona quiere ver un progreso más rápido, simplemente tendrá que repetir el mismo entrenamiento de gimnasio cada mañana en su propia casa.

El propósito de tu vida nunca es tan importante como los ciclos de acción por los que debes pasar para conseguirlo, y que en muchos casos son inconvenientes e incluso incómodos.

Obviamente, tienes opciones en el camino. No tienes por qué vivir en una ciudad que no te gusta, no tienes por qué recibir clases de música de alguien que no respeta tu personalidad, no tienes por qué entrenar artes marciales con gente que no es profesional y no tienes por qué obligarte a entablar amistad con individuos demasiado estúpidos para mantener una conversación normal.

Cada año conozco a miles de personas a las que luego ignoro por completo y no quiero volver a ver, porque la inmensa mayoría de la población es demasiado estúpida, loca e irrespetuosa para merecer mi tiempo y mi atención.

Observo una gran diferencia entre las gentes de los distintos continentes: los sudamericanos, africanos y asiáticos suelen ser de los más educados y amables que encuentro, mientras que los norteamericanos y europeos se cuentan entre los más tontos y groseros.

Por supuesto, hay excepciones en todos los casos, pero se pueden cambiar los porcentajes de estas excepciones para encontrar los números, porque el porcentaje de sudamericanos maleducados que encuentro es equivalente al de norteamericanos educados.

Sería una tontería por mi parte entonces, viendo estas evidentes diferencias, pretender que todo el mundo es igual y tratar de tolerar a imbéciles que ni siquiera saben situar la mayoría de los países en un mapa.

Los estadounidenses no sólo son demasiado estúpidos para una conversación normal, sino que a menudo también son demasiado racistas y están llenos de prejuicios.

Es muy incómodo e incluso doloroso hablar con esta gente porque nunca esperas que alguien sea tan estúpido, racista y grosero al mismo tiempo.

Podríamos discutir eternamente sobre por qué ocurre esto o simplemente aceptar los hechos tal como son y alinear nuestra existencia en consecuencia.

Es una pérdida de tiempo intentar racionalizar sobre personas que simplemente no están interesadas en esforzarse por ser más amables.

Puedes pasarte toda la vida intentando comprender por qué algunas personas son psicópatas y malvadas, o puedes simplemente cortar toda comunicación con ellas en lugar de consumir esa culpa que quieren que sientas para anular cualquier cambio necesario en sus comportamientos.

Capítulo 15 - ¿Cuáles son los efectos del comportamiento grosero?

Cuanto más tiempo pasas con personas que no están dispuestas a hacer ningún cambio en su personalidad, más te hacen sentir inferior a ellas, culpable de lo que hacen, y más te obligan a aceptar justificaciones para cosas que no merecen ninguna.

Entonces se hace evidente que las personas que siguen explicando su pasado y los comportamientos de los demás simplemente no están dispuestas a crear un nuevo futuro para sí mismas.

En algún momento de tu vida, deberías ser capaz de distinguir entre quien te exige que cambies para hacer felices a los demás y quien da prioridad a su libre albedrío y a su capacidad de alcanzar esa felicidad por sí mismo.

No importa cuáles creas que son las razones por las que la gente se comporta como lo hace, porque si te quedas en el mismo sitio por lo que otros dicen y hacen, te afectará a ti, no a ellos.

Luego llegamos a otro punto de vista, que es el hecho de que cuando pasas mucho tiempo con idiotas inútiles, también desarrollas un sentimiento de indignidad. Entonces piensas que no mereces el futuro que deseas, o que no eres lo bastante bueno para conseguirlo.

No es de extrañar que estos sentimientos sean transmitidos a menudo oralmente por quienes no pueden hacer nada por su propia vida. Sin embargo, las mismas personas que hoy te dicen que no puedes hacer nada o que deberías hacer menos, son las mismas que después, cuando cambias tus resultados, te piden dinero.

El nivel de hipocresía es tal en nuestro mundo que a menudo te sorprende lo rápido que cambia la gente para satisfacer sus propios deseos egoístas, ya sea para destruir tu vida o para obtener algo de ti.

De hecho, sucede a menudo que estoy en un grupo de gente, siendo completamente ignorado, hasta que se dan cuenta de que soy un escritor de éxito, y entonces quieren hablar conmigo y se reúnen a mi alrededor como si fuera una celebridad.

Luego se sorprenden de que no responda a sus mensajes y no vuelva a ponerme en contacto con ellos.

Piensan que mi actitud procede de un sentimiento de superioridad, porque así justifican que no miren sus propios comportamientos.

La verdad es que resulta muy desmoralizador y deprimente hablar con la inmensa mayoría de la gente de este mundo. Su potencial cognitivo es extremadamente bajo, su nivel de perspicacia simplemente no existe en muchos casos y su sentido narcisista de la importancia es completamente absurdo.

Es literalmente imposible pasar tiempo con este tipo de individuos, que suelen ser la inmensa mayoría en la sociedad, y luego tener la capacidad mental de visualizar posibilidades, la motivación para trabajar duro y sentirse feliz.

El nivel de la mayoría es tan extremadamente bajo, en todos los aspectos, que es más probable que encuentres la felicidad por ti mismo.

Cuando digo que es más fácil encontrar la felicidad por uno mismo, no me refiero a pasar más tiempo en soledad, sino a tomar decisiones más independientes.

En mi caso, por ejemplo, he sustituido la necesidad de comprender a los demás por la de conocer gente nueva y la de tolerar una cultura por la de viajar más.

En estas transiciones abordamos los mismos temas, pero en un caso tiene mucho más sentido que en el otro, porque no puedes cambiar a otras personas ni tu cultura, pero puedes exponerte a mejores experiencias, y sin duda afectarán a tu personalidad.

Aunque paso la mayor parte del tiempo trabajando solo, noté una tremenda diferencia en mi personalidad al trasladarme de Polonia a Macedonia, por ejemplo, porque la gente de Polonia, o te los encuentras en cafeterías, supermercados, restaurantes o en cualquier otro contexto, son sencillamente los más horribles que he conocido en el mundo. No sólo son muy racistas y muy estúpidos, sino también extremadamente groseros.

Como cualquier otra persona, antes miraba la historia de Polonia y me preguntaba por qué este pueblo fue atacado tantas veces y tuvo que pasar por tantas guerras, y después de vivir en su país y tratar con esta gente, ahora me pregunto lo contrario, me pregunto por qué siguen aquí y no han sido borrados de la historia.

Teniendo en cuenta que también les gusta atizar a los rusos, parece que son conscientes de lo mismo, porque las masas de este país se comportan como si quisieran ser exterminadas.

Probablemente, los únicos polacos de verdad son los que no viven en Polonia, igual que los lituanos de verdad viven en Siberia.

Siempre me ha parecido interesante cómo los lituanos culpan a los rusos de todos los problemas que tienen, mientras que los que más se quejan tienen ascendencia rusa y la mayoría de su gente fue enviada a Siberia durante la época de la Unión Soviética, o a Alemania para ser exterminada por los nazis.

También cabe señalar, como han constatado muchos historiadores, que los nazis no tuvieron que esforzarse mucho para reunir a estas personas en grupos y enviarlos a campos de concentración, porque los propios lituanos denunciaban a sus propios vecinos.

Esto significa que los lituanos deben temer más a sus vecinos que a cualquier invasión del ejército.

Cada vez que veo que es probable que comience una guerra mundial con este triángulo formado por Ucrania, Lituania y Polonia, simplemente no me sorprendo tanto como otras personas, porque es como si estas culturas estuvieran creando un triángulo energético de muerte y destrucción.

Capítulo 16 - ¿Qué hace que una persona sienta celos?

A menudo no somos capaces de observar la realidad tal como es ni de hacer predicciones acertadas sobre el futuro porque también implican aceptar verdades incómodas.

La mayoría de las personas simplemente no pueden tolerar que sus amigos les tengan envidia y que su familia no quiera que tengan éxito, por ejemplo. Sin embargo, siempre que desvíes tu atención hacia tu propia autoestima, los demás te llamarán egoísta y avaricioso precisamente porque no quieren que llegues a esta comprensión, que se produce precisamente cuando tomas conciencia de tus propias necesidades y de cómo éstas están siendo veladas por ellos.

A primera vista, puede parecer que todo el mundo quiere tener éxito, pero lo cierto es que muchas personas han vinculado su sentido del yo a sus logros, y cada vez que otros consiguen más en la vida, lo sienten como un ataque a su autoestima.

Su falta de capacidad para empatizar con los esfuerzos de los demás también les hace incapaces de validar sus esfuerzos, razón por la cual a nadie le importa realmente lo duro que trabajas o sufres por tus resultados, o por qué pasas esos momentos completamente solo, viendo cómo aparecen los demás y te invitan a salir sólo después de que tus resultados sean visibles para ellos.

En consecuencia, podemos observar un paralelismo entre quienes están apegados a sus fracasos, con todas las racionalizaciones que los rodean, y quienes intentan superarlos:

La gente que no puede conseguir más dinero en su vida dice que el dinero no es importante;

La gente que no tiene tiempo para leer dice que la creencia es más importante que el conocimiento;

La gente que no sabe socializar dice que quiere a sus amigos;

La gente que no puede viajar a ninguna parte, dirá que ama a su país.

Las mentiras que la gente se cuenta a sí misma y a los demás pueden ser tan absurdas que incluso quienes tienen que tolerar su soledad tienden a afirmar que les encanta estar solos.

Esta cantidad ingente de racionalizaciones no hace a nadie más inteligente, salvo si pretenden hundir su existencia, porque eso es lo que se llama tener una mentalidad débil.

Una evaluación eficaz de nuestra vida nos muestra que sólo podemos medir lo que recibimos y no lo que pensamos sobre ello, y es en este hábito donde descubrimos que nuestras racionalizaciones y explicaciones carecen de valor. Funcionan sólo como distracciones de lo que es realmente importante.

Del mismo modo, la mayoría de las personas operan sólo con distracciones y su verdadero valor se encuentra en sus acciones, razón por la cual muchos no tienen valor como amigos.

Por ejemplo, puedo recibir muchos mensajes cuando uno de mis libros llega a las listas de los más vendidos, y a menudo llegan al mismo tiempo, pero antes de ese momento, ninguna de esas personas me ayudó con ideas, información o incluso preguntas sobre qué escribir, muchas de ellas no estuvieron a mi lado cuando escribía, no me motivaron a escribir, no me dijeron que podía escribir un buen libro y no me ayudaron a editarlo o traducirlo. Muchas personas ni siquiera participan en las investigaciones que les envío.

Cuando trabajaba en espacios de cotrabajo, ocurría exactamente lo contrario. Todo el mundo me decía que trabajaba demasiadas horas, que bajara el ritmo y que trabajara menos.

Cuando invitaba a tomar un café a cualquiera de estos imbéciles inútiles, nadie aceptaba, lo que significaba que yo también debía relajarme por mi cuenta porque sus consejos sólo se aplicaban a mí y no a ellos mismos.

Como descubrí más tarde, en realidad estaban celosos de mi capacidad para concentrarme durante muchas horas porque no pueden dejar de distraerse todo el tiempo con sus propios pensamientos.

De hecho, querían que fuera más despacio porque mi existencia les molestaba, y nada más, porque a muchos de ellos les gustaría hablar conmigo sólo para preguntarme cómo hacer lo mismo.

Sí, las mismas personas que me decían que bajara el ritmo y me relajara más siempre me preguntaban cómo podía concentrarme durante muchas horas para aprender a hacer las mismas cosas.

El resultado de esta experiencia es que tuve que dejar de trabajar en oficinas porque no puedes estar rodeado de semejantes ratas cuando quieres llegar a algún sitio en la vida. Constantemente te ponen trampas en el camino para hacerte fracasar.

Lo mismo puede ocurrir en las relaciones, y lo más chocante para mí fue darme cuenta de que muchas de mis ex novias competían contra mí.

Querían que bajara el ritmo, pero al mismo tiempo siempre estaban buscando formas de ganar más dinero que yo y aprendiendo de lo que hago y de cómo pienso.

Lo vi con casi todos, excepto con los que me hicieron perder la paciencia a las pocas semanas y decidir terminar la relación.

Desde entonces, no sólo no valoro tener una oficina, sino que tampoco valoro las relaciones y las interacciones sociales en general.

No digo que no debas tener estas cosas o relacionarte con los demás. Lo que digo es que tus propias expectativas sobre los resultados de todas estas cosas deberían ser nulas.

Capítulo 17 - ¿Es más fácil vivir en pareja?

Muchos de mis seguidores confunden mi existencia tratando de relacionar una razón con todo lo que sucede en mi vida, pero esto es una tontería, porque no tengo control sobre lo que piensan los demás y las decisiones que toman.

Sólo consigo que la gente se sienta resentida y celosa cuando me presiono más a mí misma para conseguir mis objetivos.

Por eso no existe la decisión de ser o no ser único, sino simplemente un resultado que es la combinación resultante de los elementos que lo crean: mis intenciones y las intenciones de los demás, mis objetivos y los objetivos de los demás, mis expectativas y las expectativas de los demás, mi forma de pensar y la forma de pensar de las personas que me rodean.

Además, cabe señalar que la mayoría de las personas no piensan realmente, sino que reflejan valores culturales que han absorbido y que reproducen inconscientemente.

Esta característica común en muchos hace aún más difícil que alguien con una capacidad independiente para procesar información sea comprendido por los demás, porque hay muchas capas en lo que la gente habla y piensa, la mayoría de las cuales están asociadas a expectativas culturales y códigos subliminales.

Para mí es tan obvio que puedo cambiar literalmente mis experiencias vitales con sólo cambiar de país.

Los ingenuos piensan que cualquier amistad o relación funcionará cuando la otra persona se comporte como tu mejor amigo y te anime a conseguir tus objetivos en la vida, pero olvidan que las personas no funcionan a nivel consciente. Muy poca gente puede hacerlo.

La gran mayoría reacciona constantemente a programas desencadenados por el mundo exterior que activan recuerdos en su subconsciente.

En esencia, la mayoría de las personas se limitan a reaccionar ante la vida, y sus expectativas cumplirán sus predicciones cuando se alineen bajo los mismos recuerdos.

Por eso es más probable que la gente se enamore de alguien de su misma cultura cuando viaja a otro país, o que quienes comparten los mismos traumas y miedos infantiles se enamoren tan fácilmente el uno del otro.

De hecho, cuando la mayoría de la gente habla de amor, está describiendo sus enfermedades mentales y no el amor verdadero, porque no tienen ni idea de lo que es el amor.

Aprenden sobre el amor en cuentos infantiles, películas y a través de sus propios grupos a medida que crecen, y éstos reproducen el mismo conjunto de prioridades, diciéndote que lo que sientes es más importante que lo que piensas.

Como resultado, las personas se acostumbran a la idea de que sus emociones son más válidas que su razonamiento sobre ellas, y por eso racionalizan lo que sienten para justificarlo en lugar de interpretarlo.

Así es como la gente se acostumbra a la idea de que puede enamorarse de sí misma y de sus propios problemas.

Lo llaman relación cuando en realidad pretenden tenerla según estos principios.

Cuando a menudo se oye a la gente decir que busca una pareja a la que le gusten las mismas cosas que a ellos, la misma música, la misma comida y las mismas películas, se está oyendo a alguien hablar de amor narcisista.

Esta persona quiere un espejo de sí misma en su vida porque así es como cree que es el amor: dos personas que viven una copia perpetua la una de la otra, y se vuelven más tolerables sólo por esta razón.

Cuando oyes a la gente hablar del amor como mariposas en el estómago o alguna reacción química en el cuerpo, estás oyendo a alguien justificar una compatibilidad genética o una similitud en traumas y miedos asimilados.

Capítulo 18 - ¿Siente realmente amor la gente?

Entre las emociones descritas para explicar el amor, la que más se asemeja a éste es la compatibilidad genética sentida a través de una reacción química en el cuerpo, ya que el objetivo del amor es la reproducción de la especie.

Sin embargo, a nivel emocional, mental e incluso espiritual, uno debería enfocar el amor como dos personas que intentan superar juntas los retos de la vida, y es más probable que esto dé resultados si ambos funcionan como un equipo, que es precisamente lo que se ha adoctrinado a la gente para que rechace, ya que esto les retrotrae a tiempos antiguos en los que un miembro de la pareja era responsable de ciertas tareas y el otro de otras.

Debido a la predisposición genética en hombres y mujeres, esto significaba que las mujeres tendrían ciertos papeles mientras que los hombres tendrían otros.

Esto sigue ocurriendo en el mundo de hoy, a pesar de la libertad que han adquirido las mujeres para hacer la elección que quieran, porque las mujeres siguen buscando los mismos trabajos que tenían antes, como la enseñanza y la enfermería, y evitan los trabajos en los que tienen que lidiar con la suciedad y la maquinaria pesada.

Lo que he aprendido y lo que el mundo sigue demostrando es que lo que la gente piensa o desea no es cierto, y siempre que intentas confiar en la razón humana y el sentido común, tienes más probabilidades de fracasar en la vida porque la inmensa mayoría de la gente no tiene ni lo uno ni lo otro.

En teoría, pues, podría decirse que tu pareja debería ser tu mejor amigo, debería animarte a conseguir tus objetivos y apoyarte, sobre todo en los peores momentos de la vida y durante las épocas de enfermedad, pero no es probable que esto ocurra.

Cuanto más ahondas en tus problemas y más esperas que tu pareja tenga cierta flexibilidad de pensamiento, más probable es que tu pareja sufra una crisis emocional y psicológica y busque la manera de abandonar la relación.

En el mundo actual, la gente es demasiado egocéntrica y egoísta para preocuparse por los demás.

La mayoría de las personas buscan relaciones sólo cuando existe la posibilidad o la perspectiva de conseguir algo para sí mismos, razón por la que muchos también se divorcian, ya que no se puede esperar que dos individuos egoístas construyan una gran vida juntos o mantengan la misma satisfacción a lo largo del tiempo, especialmente cuando se basa en la belleza, ya que ésta se desvanece en pocos años.

Sin embargo, la mayoría de los divorcios los inician las mujeres, lo que significa que son más conscientes de estos hechos que los hombres y son más propensas a abandonar un matrimonio cuando ven en él mayores ventajas para ellas.

Así es, ya que las mujeres saben que pueden encontrar fácilmente un sustituto para su marido.

Lo único que hará insustituible a un hombre es un estatus social elevado, pero incluso esto puede desaparecer fácilmente o ser sustituido por otro estatus más significativo.

Una mujer de 20 años, por ejemplo, puede enamorarse fácilmente de un músico, pero es más probable que una mujer de 30 se enamore de un empresario, y una mujer de 40 de un hombre que simplemente tenga más oportunidades que otros hombres de viajar y disfrutar de la vida.

Es entonces una ilusión pensar que nuestra pareja no tiene en cuenta estas cosas, porque dependiendo de su estadio mental, buscará a alguien famoso, rico o simplemente más maduro.

Cuando observamos las elecciones que hacen los hombres, vemos una tendencia a prestar atención únicamente a la belleza física, porque los hombres buscan mujeres más fértiles, y esto significa mujeres más jóvenes y sin hijos.

No es casualidad, pues, que el número de hombres solteros de más de 40 años tienda a aumentar tanto como el de madres solteras. Pero mientras que una madre soltera cuenta con el apoyo emocional de sus propios hijos y es más probable que busque ayuda en amigos y en el gobierno, la soledad que tienen que soportar los hombres mayores y la falta de empatía que la sociedad siente por ellos suelen ser las causas de su suicidio.

El suicidio es la octava causa de muerte entre los hombres, pero la primera entre los menores de 45 años. Dos tercios de los suicidios del mundo son perpetrados por hombres y la tasa de suicidio más alta corresponde a los hombres de mediana edad.

Capítulo 19 - ¿Es la soledad la clave del éxito?

Como descubrí, tanto la salud mental como el éxito son temas correlacionados y relativos también a la importancia que damos en la sociedad.

En esencia, cuanto más te preocupes por encajar con los demás y agradar a los demás, más probabilidades tendrás de fracasar en la vida y acabar deprimido, porque eso nunca ocurrirá con personas que se empeñan en hacerte fracasar e impedir que cambies a una persona a la que les costará entender.

He tenido éxito en muchas áreas de la vida y he ayudado a muchas otras personas a tener éxito también, y lo que he observado constantemente es que, aquellos que están preocupados por cómo los ven los demás, no pueden cambiar y no pueden lograr nada en la vida.

La aprobación o desaprobación de las personas que conocen acaba condicionando sus decisiones.

Siempre veo mis resultados como una consecuencia natural de mi trabajo, así que cuando alguien me dice: "¡Enhorabuena!", no significa nada.

Lo mismo ocurre cuando alguien me dice que tengo mucha suerte, lo cual es aún más tonto.

Decirte que tienes suerte es como decirte que no pareces lo suficientemente inteligente como para crear la vida que has creado por ti mismo.

A menudo no sé si la gente está insultando o si simplemente son demasiado estúpidos para entender lo que dicen y lo que significa.

Precisamente porque la gente es tan inconsciente, a menudo no me apetece quedarme mucho tiempo en ningún país.

Mi decisión de quedarme o no en un lugar dependerá de hasta qué punto una cultura concreta se ajusta a mis objetivos, y la mayoría de ellas no lo hacen porque los lugareños van en una dirección completamente distinta.

A mucha gente también le resulta extraño verme escuchando libros o escribiendo con el portátil en lugares públicos. Son tan retrasados mentales que estas cosas les parecen extrañas.

En países como Portugal o Lituania, por ejemplo, la gente me mira cuando estoy leyendo un libro porque nadie lo hace, son demasiado estúpidos para leer libros, y piensan que una persona que hace eso es una persona extraña.

En Croacia o España, mucha gente piensa que escribir es cosa de estudiantes, así que cuando me ven escribir, les parece raro porque no parezco un estudiante.

Así que decidí viajar más hacia la costa de los Balcanes, porque si tengo que pasar la mayor parte del tiempo sola, prefiero hacerlo junto a una playa y disfrutar del amanecer en estas zonas. Pero no creo que la gente obsesionada con hacer planes de futuro sea consciente de estas cosas, o no se sentirían tan enfadados y confusos cuando me preguntan cuánto tiempo me quedaré en su país y les digo que no lo sé.

Evidentemente, nunca sé cuánto tiempo me quedaré en un sitio porque depende de los motivos y puedo irme cuando quiera.

La gente no puede entenderlo porque no tiene libertad para tomar sus propias decisiones. En cambio, piensan que hay algo malo en quien tiene la libertad de tomar esas decisiones.

"¡Debes quedarte en algún sitio y aprender a aceptar un país o nunca encontrarás un lugar que te guste!" es algo que me dice mucha gente. Pero no soy un árbol, no nací para quedarme plantado en un sitio toda la vida.

Tampoco es bueno que un escritor permanezca demasiado tiempo en un lugar, porque el lugar y la cultura de los lugareños comprometerán y limitarán el potencial de pensamiento, razón por la cual muchos autores estadounidenses son fundamentalmente inútiles.

Un autor que no viaja es como un pianista al que golpean constantemente con un martillo en las manos, porque al no viajar, el autor queda subyugado a los pensamientos, valores y críticas de la gente del país en el que se encuentra e inevitablemente dejará de tener mente propia para filtrarlo todo en función de la cultura en la que quiere sumergirse y sentirse integrado.

Capítulo 20 - ¿Ser cínico es ser negativo?

Un escritor que tiene miedo de ser cínico sencillamente no puede escribir bien, y es aún peor cuando se enamora de un país, porque es como si ignorara sus propias limitaciones a la hora de analizar la realidad.

En consecuencia, no viajo porque quiera, sino porque necesito viajar.

Viajar y escribir abiertamente y con una visión efectiva de la realidad son tres cosas correlacionadas.

En cuanto te sumerges en tus propios pensamientos e ignoras la situación que te rodea e interfiere en tus pensamientos, entonces pierdes tu valor como escritor porque empiezas a sumergirte en opiniones culturalmente orientadas en lugar de en directrices universales para una vida mejor.

Puedo verlo muy claramente a través del tipo de preguntas que me hace la gente allá donde voy, porque ambas reflejan su nivel de ignorancia y sus limitaciones.

Aunque no les responda lo que quieren, sus preguntas en sí mismas me obligarán a pensar como ellos y a considerar cosas que antes ignoraba, mientras que los temas que no les interesa tratar conmigo me harán ignorar esos mismos temas por falta de atención.

El autor se encuentra entonces con dos mundos -el de los estúpidos y el de su propia investigación como alguien que desea explicar la realidad a los ignorantes- y cuando pasa demasiado tiempo dividiéndose entre los dos, acaba prostituyendo su alma al mundo o se convierte en un cínico al que el mundo odia y desea evitar, lo que entonces le conduce a una soledad aún mayor.

Esta soledad, por otra parte, hace que cualquiera de sus pensamientos sea inflexible y fundamentalmente inútil, y esto sólo cambia cuando el autor está dispuesto a empezar de nuevo su vida, conocer gente nueva y aprender sobre nuevas culturas.

Realmente no hay otra opción para alguien que desea ayudar a un mundo que desprecia a la gente como él.

Los autores queridos por muchos no son lo suficientemente cínicos y por ello no merecen ser escuchados.

En cuanto haces que a la gente le gusten tus palabras, te estás fusionando con su voluntad en lugar de convertirlos en mejores seres humanos, porque en realidad no les estás diciendo cómo causaron sus problemas. Y si no haces a la gente responsable de lo que causa, no eres más que un orador motivacional, alguien que inspira a los tontos a seguir actuando como tontos, pero con más determinación que antes.

No hay nada positivo en aceptarse a uno mismo tal y como es, a menos que se crea perfecto, y si ya se cree perfecto, probablemente sea un narcisista. Pero ser imperfecto y amar no son cosas incompatibles, por eso puedes vivir con imperfecciones en ti mismo y en los demás y seguir amándote a ti mismo y a los demás.

Esto es algo que los que no han cambiado lo suficiente no pueden ver, así que lo que dicen muchos autores famosos no se aplica a ningún otro lugar sino sólo a su propio país, y la razón por la que mucha gente lee sus libros es porque son demasiado ignorantes para darse cuenta de ello.

Mis libros funcionan en cualquier lugar del planeta porque he experimentado y sigo experimentando muchas formas distintas de ver la realidad, y esas perspectivas son más válidas que cualquier bonita teoría que no sea factible.

Capítulo 21 - ¿Cómo no dejar que las personas negativas te afecten?

Es ciertamente difícil ser inmune a los pensamientos de los demás y a sus esfuerzos por cambiarte, pero una vez que te das cuenta de lo que es verdad, ignorar la estupidez de los demás se vuelve más fácil.

Una vez que te vuelves inusualmente saludable, te conviertes en un objetivo para los no saludables. Y no hay nada malo en ello, pero sólo si puedes aceptar la realidad tal como es.

Imagínese a un mono que acude a un terapeuta porque los cocodrilos quieren comérselo cuando se baña en el río. ¡No tiene sentido!

Del mismo modo, no tiene sentido que te quejes de una sociedad a la que le gusta quedarse como está, sin cambiar nunca, por mucho que sufras, y luego te sorprendas de encontrarte solo la mayor parte del tiempo.

La soledad es el precio que pagan los que son libres, y si estás dispuesto a pagar este precio, no es probable que sufras.

En julio de 2022 estuve en Croacia y me cansé de los muchos turistas racistas y de cómo me miraban. Alquilaba un piso caro junto a la playa y me cansé de la situación, hice las maletas y me fui a Bosnia, un lugar muy deprimente.

Estuve poco tiempo en Bosnia y Herzegovina, y llovió mucho en agosto.

El tiempo era horrible, así que me trasladé a Serbia, un país agradable pero con gente muy maleducada, por lo que no me apetecía quedarme mucho tiempo.

Después de Serbia, me trasladé a Macedonia, donde la gente engaña y miente demasiado.

Tuve tantos problemas con los pisos que encontré y me cansé tanto de mudarme que decidí volver a cruzar las fronteras, esta vez a Albania.

Era una buena época para llegar a la región costera, ya que a finales de septiembre no había muchos turistas.

Este traslado entre Croacia, Bosnia, Serbia, Macedonia y Albania -5 países y 10 ciudades en total-, se hizo en sólo dos meses, y no estaba previsto. Pero fue finalmente en Grecia donde encontré lo que necesitaba, y aunque no entraba en mis planes.

Conocí a un hombre mayor que trabajaba en una cafetería que empezó a hablar conmigo y luego insistió en que podía ayudarme a trasladarme a otra ciudad, aunque yo le dijera que no estaba seguro de adónde ir.

Entonces llamó a un conocido y, resumiendo, acabé en Sarande, donde encontraría un piso enorme frente al mar y la isla griega de Corfú.

Al cabo de un mes, crucé el mar hasta Corfú, donde cogería un vuelo a Atenas y luego un ferry a Santorini.

El tiempo es algo relativo, pero nunca relativo al pensamiento, las oportunidades o la planificación, sino a la conciencia. Porque en sólo 4 meses estuve en 6 países y 12 ciudades, no porque quisiera esas experiencias -y de hecho la mayoría fueron negativas, imprevisibles y una pérdida de tiempo-, sino porque era consciente del tipo de ambiente que buscaba.

La conciencia me mantuvo centrado durante las tormentas de la desgracia.

Sólo los tontos te dirán que te centres en las cosas buenas entre las cosas que te hacen sentir mal.

Esos tontos te llamarán afortunado cuando llegues a tu destino porque no saben lo que es la persistencia y desperdician su propia vida.

Algunas personas me han dicho que si sigo viajando, nunca encontraré un lugar que me guste y me costará conservar amigos, pero eso no es un problema porque puedo experimentar mucho más y ver más que nadie gracias a lo que otros consideran un error.

Escribir este libro frente al océano en una hermosa isla griega, sintiendo que sigo disfrutando del verano en el mes de diciembre, no me hace sentir pena por nada.

Puedo sentirme triste por aquellos que desearía que vieran lo mismo, pero sentirse triste por los inconscientes que no te creyeron es como sentirse triste por un perro que no puede hablar.

Lo que quiero decirte con esta historia es que no te sentirás triste cuando te sientas feliz porque las dos emociones son incompatibles, y si te sientes triste cuando deberías sentirte feliz, probablemente te estés sintiendo triste por las razones equivocadas.

Puedo sentirme triste por las personas que se fueron de mi vida porque no creyeron que yo iba por el buen camino, y por eso están en otra realidad muy inferior a la que yo experimento. Por eso sufren el invierno en un trabajo que odian.

Si no pudiera ser feliz conmigo mismo, les estaría dando la razón, y eso sería una tontería, teniendo en cuenta que ellos realmente desearían estar en la misma situación que yo ahora.

En ese sentido, sólo puedo alegrarme de lo que soy y de lo que tengo, e ignorar los recuerdos del pasado.

Todo lo demás es irrelevante, así que no puedo responder a la gente que me pregunta por qué viajo, por qué no estoy casado, qué como, etcétera. Todas estas preguntas son irrelevantes.

Mi plan inicial era quedarme al menos tres meses en cada uno de estos países y hacer los mismos viajes en un periodo de tres años, pero he aprendido tanto sobre la vida que ahora puedo predecir fácilmente mi futuro a los pocos días de experimentar una nueva cultura y tomar decisiones en consecuencia.

Esto puede parecer demasiado rápido para un ser humano normal, pero en mi cerebro parece que ya ha pasado todo un año, precisamente porque la conciencia altera su percepción del tiempo.

Capítulo 22 - ¿Qué es una buena vida social?

Viajar no tiene por qué ser una actividad solitaria si eres una persona proactiva, y de hecho he conocido a mucha gente, de varios países, porque organizo eventos en distintas ciudades.

Sin embargo, todos ellos estaban tan por debajo del mínimo que se puede esperar de un ser humano, que no quise volver a hablar con ellos y dejé de contestar a sus mensajes.

La mayoría de la gente, no importa su edad, no parece ser capaz de mantener una conversación normal sin insultar y juzgar a los demás, y confunden mi paciencia al no ser conscientes de estas cosas.

También es desmotivador intentar organizar algo porque la gran mayoría de las personas que conozco no parecen tener ningún interés relevante y pasan la mayor parte del tiempo mintiendo sobre sí mismas.

Por otra parte, puede que haya cambiado bastante en poco tiempo, porque ni siquiera los antiguos griegos me han impresionado tanto como antes.

Es posible que, en efecto, haya respondido a muchas de las preguntas más importantes de la vida, pero sigo teniendo muchas preguntas nuevas que parecen no tener respuesta.

Esto ha hecho que aumente la velocidad a la que leo o escucho libros, y también que busque más profundamente en la biblioteca de este mundo, aunque puede que una vez más tenga que responder a mis propias preguntas como hacía antes.

Esto puede parecer absurdo si estás leyendo mis palabras por primera vez, pero definitivamente no lo es para los muchos lectores que están cambiando sus vidas con mis escritos.

Por otra parte, para conseguir estos resultados, no puedo decir que sea un positivista o un realista, sino un cínico, y no veo nada malo en ello. No podría imaginarme otra manera.

El hecho de haber vivido en decenas de países y tener una vasta experiencia en muchos ámbitos, concretamente como investigador y profesor sobre el mismo tema, sitúa las cosas en un nivel muy diferente, incluso si se comparan con muchos otros autores, pero mi forma de pensar es lo que ha marcado la diferencia a lo largo de este viaje.

Sigo leyendo mucho, pero el problema que veo sistemáticamente en todos los autores es que se obstinan en mantener su propio punto de vista, lo imponen e insisten en la idea idiota de que son más listos que todos los demás que actúan de forma diferente.

En consecuencia, venden una idea falsa.

Hay buenos autores vivos hoy en día, pero por razones misteriosas, las masas siguen a los más tontos.

Algunos acaban despertando y otros nunca lo hacen, pero si eres capaz de flexibilizar tu mente, encontrarás muchas oportunidades, y a partir de ese momento no hay límite para lo que puedes conseguir. Pero no esperes que el resto del mundo esté de acuerdo o respete tu opinión.

Las masas son estúpidas y egoístas y sólo respetan lo que quieren.

Por ejemplo, mucha gente me pregunta cómo vender libros, pero nadie me pregunta cómo escribir algo que merezca la pena leer, lo que dice mucho de su mentalidad. Ni siquiera saben lo que es una encuesta.

Las masas tienen opiniones firmes sobre todo, pero no saben nada, y tienen que esforzarse por convencer a los demás de que estén de acuerdo con ellas para sentirse validadas. Así de patética es su situación.

Una persona incluso me preguntó hace poco si leía libros, después de que le dijera que me ganaba la vida escribiendo.

Las cosas que dice la gente son tan increíblemente estúpidas hoy en día que siempre me quedo sin palabras. Están tan obsesionados con lo que creen que es real que ignoran la realidad misma para ajustar sus experiencias a sus ideas preconcebidas y convertir a los demás en ideas que puedan encajar en sus propias cabezas.

Tampoco siento la necesidad de explicarles nada porque ya he conseguido todo lo que quería de la vida y veo que muchas de esas personas son psicológicamente incapaces de entender mis perspectivas.

Por otra parte, soy más ambicioso de lo que me permite este cuerpo humano. Me siento atrapado en una realidad que no es la mía. Pero al menos soy libre, libre para experimentar lo mejor y lo peor y tomar decisiones en consecuencia.

Este tipo de libertad es desconocida para mucha gente, pero muy importante porque, al final, soy yo quien toma las decisiones, no lo que las decisiones dicen de mí.

Tus propias decisiones te definen, no tus condiciones ni siquiera los resultados, así que mantente centrado y no temas levantarte temprano y visualizar tus objetivos para alinearte con ellos, porque las visualizaciones también te mantienen disciplinado.

Esta disciplina definirá lo cerca o lejos que estarás de darte cuenta de quién eres realmente como persona.

Mucha gente te dirá que debes vivir despacio y evitar los conflictos, y amoldarte a la sociedad si quieres tener éxito en la vida, pero eso es una gran mentira. Los aviones se ponen en el aire forzándose contra la presión del viento. La presión, la velocidad y la aceptación de fuerzas antagónicas te llevan a cualquier parte del mundo y también de la vida.

Solicitud de reseña de libros

Estimado lector,

Gracias por comprar este libro. Me encantaría conocer su opinión. Escribir una reseña de un libro te ayuda a entender a tus lectores y también influye en las decisiones de compra de otros lectores. Su opinión es importante. Por favor, escriba una reseña del libro.

Su amabilidad es muy apreciada.

Sobre el autor

Dan Desmarques es autor de más de 25 best sellers, 7 de los cuales han llegado a ser número 1 en Amazon.com. También es un músico galardonado por la MTV y un conferenciante premiado. Su experiencia profesional incluye haber trabajado como consultor empresarial para empresas multinacionales y como consultor educativo para universidades chinas. También ha sido profesor universitario de escritura académica, pedagogía, escritura creativa y espíritu empresarial. Su trabajo ha aparecido en Voice of America, MTV Music Television, Netflix y Sky One.

Lo que dicen los lectores

"Como neurocirujano con 35 años de experiencia, me sentía como su estudiante de medicina de primer año. Su espiritualidad y conocimiento de las leyes de la vida y sus ramificaciones son sencillamente asombrosos. Es un verdadero genio". -Dr. Perry Hoeltzell

"Los conocimientos que comparte hacen que mi práctica diaria tenga más sentido y me permiten adoptar una perspectiva diferente a la de los demás y mejorarla. Como está tan adelantado en su desarrollo espiritual y dispuesto a compartir, leer sus libros inspira toda mi vida". -Dr. Marcus Wong

"La obra es muy poética en su diseño y con una generosa cantidad de espacio en blanco alrededor de las palabras escritas. Esto me permitió un espacio para la contemplación, que me llevó a mis propias percepciones en la línea de mi propia investigación. Y desde luego no llenaba sus libros con demasiada verborrea. En resumen, sus libros ampliaron mi pensamiento y mi conciencia. Más de lo que esperaba. Me encantan sus libros. Deberían leerlos quienes gustan de encontrar diamantes". -Dra. Áster Marlowe

"Algunas de las cosas más elocuentes y honestas que he leído nunca. He leído muchos libros sobre los mismos temas, pero nunca me han impactado como los suyos". -Luca Dayz

"Antes de encontrar sus libros, había leído todos los libros sobre la ley de la atracción, superación personal, etc. Estaba cansado de la cuasi-espiritualidad. Incluso estaba harto. Pero es curioso cuando dejamos de buscar las llaves que hemos perdido y las encontramos. Y eso es exactamente lo que me ha pasado con sus libros. Se sienten literalmente como un regalo de Dios. Gracias por todo". -Tyler Brashears

"Sus libros han sido una guía para mí y han acelerado mi progreso de una forma que nunca hubiera imaginado. Usted es alguien en quien puedo confiar plenamente. Me has ayudado más que nadie en el mundo. Me ofreces los conocimientos más valiosos y tienes una capacidad asombrosa para dar vida a la comprensión. No hay palabras para describir lo bendecida que me siento por haber encontrado su trabajo". -Mat O.

"Todas sus obras son totalmente influyentes y ayudan a expandir la conciencia. Sus libros van más allá de lo obvio. Es como si hubiera encontrado las respuestas a nuestros dilemas interiores.... Cada libro lleva consigo una enseñanza fuerte y sincera que se siente en el corazón, pero que también es reconfortante y comprensiva. Todos los días leo uno de sus libros, y no importa cuántas veces lo lea, siempre aprendo algo nuevo. Con cada lectura, mi conciencia se expande más y frente a las respuestas que he estado buscando durante mucho tiempo ... y ya he comprado miles de libros, pero todos estaban vacíos, a diferencia de la suya,.... que vino a mí como una luz, y esta luz me ayudó mucho y me sigue ayudando... Realmente es de otra dimensión, mucho más evolucionada". -Eliabe

"Sus palabras resuenan en mi alma. Me dio una visión para entenderme a mí mismo. Me ha permitido explorar mi persona y mis objetivos desde una nueva perspectiva. Este autor me dio la receta perfecta para poder ver por fin". -Michelle Hoeltzell

"Desarrollé mi fe leyendo sus libros y esa fe me ha traído muchas bendiciones". -Monae Sayid

"He leído muchos libros, pero éste es el autor que me hace volver a por más". -Leo Cuellar

"Capturó mi mente, cuerpo y alma y llenó mi mente de muchos pensamientos productivos. Pensamiento provocado por su brillante uso de las palabras. Es muy dudoso que alguna vez me canse de releer su inspiradora obra". -S. Caín

"Me desperté leyendo uno de sus libros. Veo dos puertas de percepción. Parece que mi tercer ojo se ha abierto". -Carlo

"Realmente admiro su inteligencia y su capacidad para transmitir información al nivel que lo está haciendo. Un individuo brillante". -Omeka Moore

"No hay palabras para estos libros que cambian la vida. Un producto tan realista. Lo amo con todo mi corazón". -Amit Swain

"Realmente escribe para la gente y ofrece remedios. Aplica lo que aprendas y verás los beneficios". -MBO

"Su obra ofrece una clara comprensión de la mente, el cuerpo y el alma". -Simba Zvakavapano

"Entre todas las investigaciones y estudios que he realizado, sus libros lo resumen todo". -Ranie Kitingan

"¡Fascinante! La verdad que siempre quise saber". -Mónica Saleh

"Informativo y directo a lo bueno. Me ayudó a ver exactamente dónde he estado y cómo puedo avanzar con confianza en mi relación y mis objetivos." -Kimber Wolfgang

"Me ayudó a entender por qué mis relaciones han fracasado y por qué me atraen ciertas personas, por qué puedo avanzar en las relaciones tan rápidamente y sanar a un ritmo más rápido que mis amigos. Tus libros son increíbles". - Me encanta Hamilton

"Me abrió los ojos. Cambió mi perspectiva sobre muchas cosas. No leo mucho, pero sus libros me han convertido en un adicto a la lectura". -Innocentia G. Tsebe

"Su edad espiritual está más allá de los números. Muchos de nosotros estamos inspirados y amamos sus enseñanzas". -María Inchaustegui Lemonier

"Me habéis salvado la vida, espiritual, emocional y mentalmente. No puedo expresar lo suficiente la bendición que eres en esta tierra, no sólo con tus conocimientos, sino por la persona que eres". - Grace Lim

"¡Excelentes libros, excelentemente escritos!" -Diana Cantwell

"He esperado mucho tiempo a que alguien me lo explicara todo tan bien". -Susan Calebro

"Este escritor es brillante y dice la verdad tal como es". -María Isabel

"Perspicaz y extremadamente informativo. Se lo recomendaría a otros". -Grayle Tompkins

"Brillante, emocionante y adictivamente brillante". -Jessica Campbell

"Gran lectura para iluminar y tener una perspectiva diferente". -Familia Dee

"Muy digno de un documental". -Jake Coulter

"Me hizo replantearme mi vida y mi propósito". -Adrian Nottage

"Marca el camino a quienes están dispuestos a mirarse de verdad a sí mismos". -Loki Soundbenda

"Verdaderamente revelador, esclarecedor, edificante y positivo". -John Zapata

"Me ayudó a plasmar mis pensamientos en la realidad". -Adriel Chávez

"Todos necesitamos esta información". -Brock Kennedy

"Excelente visión de la vida". -Tosha Manning

"Profunda verdad". -Profesor Gordon

"Los mejores libros que he leído en mucho tiempo". -Roberto Caetano

"Lo que lees en sus libros son hechos". -Mark Germain

"Muy informativo e interesante". -Laurie Boulton

Lista de libros

66 días para cambiar tu vida: 12 pasos para eliminar sin esfuerzo los bloqueos mentales, reprogramar tu cerebro y convertirte en un imán para el dinero

Una nueva forma de ser: Cómo recablear su cerebro y tomar las riendas de su vida

Anormal: cómo entrenarse para pensar de otra manera y superar permanentemente los malos pensamientos

Alineación: el proceso de transmutación en la mecánica de la vida

Audacia: cómo tomar decisiones rápidas y eficaces en cualquier situación

Códice del Culto a Cristo: Los secretos no revelados de las religiones abrahámicas y el culto a Jesús

Codex Illuminatus: Citas y refranes de Dan Desmarques

Conciencia Colectiva: Cómo Trascender la Conciencia de Masa y Convertirse en Uno con el Universo

Creatividad: Todo lo que siempre quiso saber sobre cómo usar su imaginación para crear arte original que la gente admire

Engaño: Cuando todo lo que sabes de Dios es falso

Demigod: ¿Qué ocurre cuando se trasciende la naturaleza humana?

Discernimiento: ¿Cómo afectan tus emociones a la toma de decisiones morales?

Sin miedo: formas poderosas de conseguir que la abundancia fluya en tu vida

Sentir, pensar y enriquecerse: 4 elementos para atraer el éxito en la vida

Cómo obtener sabiduría y conocimiento de Dios

Psicología holística: 77 secretos sobre la mente que no quieren que sepas

Cómo cambiar el mundo: el camino de la ascensión de la conciencia global

Cómo tener suerte: Cómo cambiar de opinión y conseguir cualquier cosa en la vida

Cómo mejorar tu autoestima: 34 lecciones de vida esenciales que todo el mundo debería aprender para encontrar la auténtica felicidad

Cómo estudiar y entender cualquier cosa: Descubriendo los secretos de los mayores genios de la historia

Legado: cómo construir una vida digna de ser recordada

Liderazgo religioso: las 8 reglas del éxito de las congregaciones

Resetting: Cómo mirar la vida a través de las dimensiones ocultas de la realidad y cambiar tu destino

Resiliencia: el arte de afrontar la realidad contra viento y marea

Singularidad: Qué hacer cuando se pierde la esperanza en todo

Guerra espiritual: Lo que necesitas saber para superar la adversidad

Starseed: Enseñanzas secretas sobre el cielo y el futuro de la humanidad

La tecnocracia: el nuevo orden mundial de los Illuminati y la batalla entre el bien y el mal

Las 10 leyes de la transmutación: el poder multidimensional de tu mente subconsciente

Las 14 leyes kármicas del amor: cómo desarrollar una relación sana y consciente con tu alma gemela

Las 33 leyes de la persistencia: cómo superar los obstáculos y mejorar su mentalidad para alcanzar el éxito

Las 36 leyes de la felicidad: cómo resolver problemas urgentes y crear un futuro mejor

Los antagonistas: ¿Qué hace diferente a una persona de éxito?

El Anticristo: el gran plan para la esclavitud mundial total

El Despertar: Cómo transformar la oscuridad en luz y ascender a dimensiones superiores de la existencia

Los misterios egipcios: enseñanzas herméticas esenciales para una reforma espiritual completa

El mal interior: la batalla espiritual en tu mente Engañándote a ti mismo: Cuando todo lo que sabes sobre Dios es erróneo

El juego de la vida y cómo jugarlo: Cómo conseguir todo lo que quieres en la vida

El lenguaje oculto de Dios: cómo encontrar el equilibrio entre libertad y responsabilidad

Las frases más poderosas: 400 frases y refranes motivadores

Las creencias secretas de los Illuminati: La verdad completa sobre la manifestación de dinero utilizando la ley de la atracción que se le oculta.

El Imperio Secreto: La verdad oculta tras la élite del poder y los caballeros del nuevo orden mundial

La ciencia secreta del alma: cómo trascender el sentido común y conseguir lo que realmente quieres de la vida

Las Leyes Espirituales del Dinero: Los 31 Secretos Mejor Guardados para la Abundancia Vitalicia

La mecánica espiritual del amor: los secretos que no quieren que sepas para comprender y procesar las emociones

No reconocido: cómo afectan las emociones negativas a tu salud mental

Sin excusas: Toma el control de tu mente para una vida más feliz y saludable

Uncommon: Trascender las mentiras de la industria de la salud mental

Desbloqueado: Cómo obtener respuestas de tu subconsciente y tomar las riendas de tu vida

Todo tu potencial: cómo superar el miedo y resolver cualquier problema

El propósito de tu alma: la reencarnación y el espectro de la conciencia en la evolución humana

Acerca de la editorial

Este libro fue publicado por 22 Lions Publishing.

www.22Lions.com

www.ingramcontent.com/pod-product-compliance
Lightning Source LLC
LaVergne TN
LVHW091112150826
845673LV00002B/798

* 9 7 9 8 3 6 9 7 5 3 8 3 5 *